AF451534

DU

POUVOIR LÉGISLATIF

EN

CAS DE GUERRE

PAR

EUGÈNE PIERRE

PARIS

ANCIENNE MAISON QUANTIN

LIBRAIRIES-IMPRIMERIES RÉUNIES

MAY ET MOTTEROZ, Directeurs

7, rue Saint-Benoît

1890

DU POUVOIR LÉGISLATIF
EN CAS DE GUERRE

En cas de guerre, la nation a-t-elle besoin d'un gouvernement légal et régulier? Ce gouvernement peut-il fonctionner dans les mêmes conditions que durant la paix? Si les rouages du gouvernement doivent être modifiés, peuvent-ils l'être à l'heure de la mobilisation?

Tels sont les problèmes actuellement soumis au Parlement et à l'opinion publique.

Sur le premier point la réponse n'est pas douteuse. Nos victoires ne dépendront pas seulement des forces que nous jetterons le premier jour à la frontière; elles dépendront aussi des ressources fournies par le pouvoir civil au pouvoir militaire pendant une longue période de temps.

La guerre future ne sera probablement pas une simple campagne. Les peuples appelés à y être engagés se sont trop sérieusement préparés pour que leur sort se décide en quelques batailles; les conséquences de la défaite seraient trop redoutables pour que chacun ne voulût pas tirer — au sens littéral du mot — les dernières cartouches. La lutte durera.

Les ressources préparées d'avance s'épuiseront. Il faudra des crédits nouveaux, des emprunts, des impôts supplémentaires, peut-être aussi, pour la défense de l'ordre intérieur, des levées non prévues par la loi militaire.

Un gouvernement incomplet ou irrégulier pourrait-il faire face à tant de nécessités? Evidemment non.

Par conséquent la France doit être munie en temps de guerre comme en temps de paix d'un pouvoir législatif qui donne au pouvoir exécutif, jour par jour, tous les moyens d'action exigés par les circonstances.

Ce pouvoir législatif peut-il fonctionner en temps de guerre dans les mêmes conditions qu'en temps de paix? Je n'hésiterais pas à dire *oui*, si l'opinion publique, si le Parlement semblaient disposés à proclamer que le mandat législatif est souvent plus lourd à porter qu'un fusil. Mais je crains fort qu'il n'en soit pas ainsi.

A l'heure actuelle, les consciences sont orientées de telle sorte que les devoirs se pèsent matériellement; en cas de péril extérieur, les députés, les sénateurs seraient exposés chaque jour à émettre des votes qui leur seraient éternellement jetés à la face, qui pourraient, si les événements trompaient nos espérances, écraser leur âme jusqu'à la mort; néanmoins ils sembleraient moins faire pour la patrie qu'en allant garder une place forte loin du canon.

C'est pourquoi je doute que les Chambres rendent une loi qui interdise aux sénateurs et aux députés de rejoindre les drapeaux en cas de mobilisation.

Le pouvoir législatif sera donc, de fait sinon de droit, hors d'état de délibérer le jour de la mobilisation générale. Et ce jour-là pourtant s'accumuleront sur les bureaux des deux Chambres tous les projets imposés par le péril public, — sans parler de la nécessité d'exécuter les lois constitutionnelles par une sanction légale de la déclaration de guerre, nécessité impérieuse entre toutes, ne fût-ce que pour fermer les portes aux hésitations et aux découragements.

Dans ces conditions, ne faut-il pas chercher un moyen de concilier les erreurs généreuses de l'opinion publique avec le besoin d'avoir un pouvoir législatif fonctionnant aux côtés du pouvoir exécutif?

Ce moyen, je l'expose tel qu'il m'est apparu, sans avoir l'outrecuidance de penser qu'un modeste serviteur de la Chambre puisse trouver des solutions meilleures que celles qui émaneront des représentants désignés par la nation. Je l'ai cherché simplement dans les lois et les règlements qui existent, m'efforçant d'adapter ces lois et ces règlements à l'état de choses nouveau, extraordinaire, créé par un conflit international.

Si les Chambres sont mutilées par la mobilisation, elles ne peuvent plus continuer leur œuvre sans que la loi introduise dans leur fonctionnement certaines modifications.

Il faut préciser d'abord à partir de quelle heure les Chambres seront mutilées. Sera-ce à partir de l'heure où nous verrons placardées les affiches de mobilisation? Non, assurément; car c'est à cette heure-là qu'il y aura, pour les représentants du pays, la plus vaste et la plus pénible besogne.

Vote de crédits extraordinaires, suspension des échéances des effets de commerce, cours forcé des billets de banque, etc., etc., tout cela ne peut pas être décidé par des Assemblées incomplètes. Or, est-il nécessaire que ces Assemblées soient incomplètes? Non.

La loi de 1889 sur le recrutement établit des délais pour que ceux qui sont utiles là où ils sont ne quittent point leur poste « immédiatement ».

Ce qui a été décidé pour de simples fonctionnaires peut être décidé pour les représentants de la nation. Les sénateurs, les députés soumis au service militaire ne doivent pas rejoindre « immédiatement ».

A quelle heure cessera l'effet de cette dispense exceptionnelle? A l'heure où les sénateurs et les députés auront pris les mesures les plus urgentes et apposé la signature de leur vote sur l'acte qui clôt les fonctions du pouvoir législatif pour le temps de paix: sur la déclaration de guerre. A partir de ce moment-là ils recevront de l'Assemblée dont ils dépendent des congés réguliers et rejoindront leur corps sans délai.

Mais, préalablement, ils auront organisé le pouvoir législatif pour le temps de guerre. Comment? par la nomination de commissions qui auront simplement le pouvoir de voter des crédits, d'autoriser des emprunts, de créer des ressources exceptionnelles, de transférer le siège des pouvoirs publics.

Une loi réglant les pouvoirs de ces commissions peut-elle être votée sans une revision préalable de la constitution? Je l'avais craint d'abord et j'y voyais un grave embarras, car il n'est pas à croire que la constitution soit jamais revisée pour ce point en temps de paix ni qu'on ait le temps de la reviser sous une menace de guerre.

L'examen des lois existantes m'amène à penser que la revision n'est pas indispensable. N'a-t-on pas déjà prévu le cas où le Gouvernement aurait besoin d'argent pendant l'absence des Chambres, durant les intersessions? Ne lui a-t-on pas déjà donné le droit d'ouvrir des crédits sur avis du Conseil d'État? N'est-ce pas là une véritable délégation du pouvoir législatif?

Cette délégation faite pour le temps de paix à un corps issu du Gouvernement, les Chambres ne peuvent-elles pas se la faire à elles-mêmes pour le temps de guerre? Ne peuvent-elles pas, sans violer la Constitution, charger un certain nombre de leurs membres d'approuver ou d'interdire la promulgation des décrets dont le Gouvernement croit avoir besoin pour la défense nationale?

Bien entendu, le jour où les Commissions entreraient en fonctions, les Chambres se sépareraient et ne se réuniraient plus qu'après la cessation des hostilités. Présidées par les Présidents du Sénat et de la Chambre, assistées des Questeurs en exercice, elles auraient assez de force pour donner au Gouvernement d'une façon durable tout ce qui n'aurait pu être prévu pendant le temps de paix et tout ce que les hasards des batailles révéleraient comme indispensable.

Un tel système a certainement des défauts comme toute chose humaine, mais, avant de le condamner, il faut examiner quelques dilemmes ·

Votera-t-on jamais une loi qui dispense les membres du parlement du service militaire en temps de guerre?

Si cette loi, qui serait la meilleure de toutes, la plus juste, la plus courageuse, si cette loi est écartée, des Chambres incomplètes auront-elles aux yeux du pays une autorité suffisante pour soutenir le gouvernement jusqu'au bout de la lutte? Deux délégations nommées d'avance par des assemblées complètes et ayant des pouvoirs définis ne seront-elles pas plus utiles?

Les Chambres mutilées peuvent-elles être complétées par un corps électoral privé de vingt-cinq générations d'hommes ou par des conseils généraux mutilés comme elles ?

Peut-on, sans péril, déléguer au pouvoir exécutif seul tous les pouvoirs législatifs, c'est-à-dire la souveraineté absolue?

Dans le cas où le pouvoir exécutif demeurerait seul, qu'arriverait-il si son chef venait à disparaître?

Après des victoires très rapidement gagnées, le

pouvoir législatif serait-il certain de se voir re-
constitué?

Au cours d'une campagne longue et pénible,
le pouvoir exécutif abandonné à lui-même n'au-
rait-il jamais à douter de la confiance du pays?

Sans doute la guerre est une crise profonde qui
transforme presque partout l'existence constitutionnelle des peuples. Il y a peu d'exemples d'une
nation retrouvant intactes après une paix bonne
ou mauvaise les institutions antérieures.

Mais la sagesse commande, beaucoup plus au
point de vue de la marche heureuse de la guerre
qu'au point de vue des événements postérieurs
à la paix, de préparer, pour la durée des hostilités,
un gouvernement complet, durable, abrité à la
fois contre l'anarchie et la dictature.

10 juin 1890.

ESSAI SUR LE FONCTIONNEMENT

DU

POUVOIR LÉGISLATIF

EN CAS DE GUERRE

ARTICLE PREMIER.

En cas de mobilisation générale, les Présidents du Sénat et de la Chambre des Députés sont prévenus, par les soins et sous la responsabilité du Ministre de la Guerre, en même temps que les chefs de corps.

ART. 2.

Si les Chambres ne sont pas réunies au moment de la mobilisation, les Présidents du Sénat et de la Chambre des Députés convoquent chacun leur assemblée dans un délai qui ne peut dépasser vingt-quatre heures à dater de l'avis donné par le Ministre de la Guerre.

Art. 3.

Tous les Sénateurs et tous les Députés, même ceux qui sont encore astreints par leur âge aux obligations du service militaire, sont tenus de se rendre à la convocation de leur Président. En conséquence, ceux qui se trouvent appelés sous les drapeaux sont légalement dispensés de rejoindre immédiatement leur corps; mais ils doivent déposer entre les mains du Président une demande de congé.

Art. 4.

A l'ouverture de la séance, le Président donne connaissance à l'Assemblée des demandes de congé, et déclare qu'elles seront accordées ultérieurement, ainsi qu'il est dit à l'art. 9.

ART. 5.

Chaque Chambre se réunit immédiatement dans ses bureaux pour nommer une commission dite de permanence.

La Commission du Sénat est composée de 153 membres à raison de 17 membres par bureau.

La Commission de la Chambre des Députés est composée de 286 membres, à raison de 26 membres par bureau [1].

1. Ces chiffres sont certainement modifiables. Ils représentent environ la moitié de chaque Assemblée. Sans doute, la moitié des membres du Parlement ne serait pas appelée en cas de guerre; mais beaucoup de sénateurs et de députés ayant dépassé l'âge de quarante-cinq ans ont reçu, de la confiance de leurs concitoyens, le mandat de maire; ceux-là pourraient juger leur présence nécessaire dans les départements en cas de guerre et rencontrer des difficultés à exercer le mandat législatif en même temps que le mandat municipal. C'est pourquoi il semble meilleur de ne pas absorber dans les commissions permanentes la totalité des membres disponibles.

ART. 6.

L'élection a lieu sans débat, au scrutin de liste.

Ne peuvent être appelés à faire partie des Commissions permanentes les membres astreints par leur âge aux obligations du service militaire.

ART. 7.

Les Commissions permanentes ne peuvent se réunir qu'à partir du jour où les Chambres sont séparées.

ART. 8.

Les Chambres se séparent, soit volontairement, lorsqu'elles ont donné leur assentiment à la déclaration de guerre, soit en vertu d'un décret de clôture rendu par le Président de la République con-

formément à l'article 2 de la loi constitutionnelle du 16 juillet 1875 [1].

ART. 9.

A partir du moment où les Présidents
des Chambres ont déclaré la session sus-
pendue ou close, tous les congés demandés par les sénateurs ou les députés sont
considérés comme accordés d'office. Les
sénateurs et les députés soumis aux
obligations militaires doivent rejoindre
leur corps sans délai. Ils cessent de

[1]. Il y a naturellement une hypothèse à prévoir, celle
où les Chambres ne se sépareraient pas volontairement
et où la période des cinq mois de session ordinaire
n'étant pas expirée, le Président de la République n'aurait qu'un droit d'ajournement de soixante jours. En ce
cas, les Chambres, même incomplètes, auraient le
droit extrême de siéger après deux ajournements, et,
sans doute, les hostilités ne seraient pas terminées. Ce
serait mauvais ; mais il ne pourrait être porté remède
à cela que par la revision. Or on doit espérer qu'après
avoir refusé de retenir les membres astreints au service
militaire, les Chambres mutilées ne refuseraient pas de
se proroger volontairement dans le cas où elles n'auraient pas trouvé un mécanisme pour se compléter.

jouir des immunités établies dans l'article 14 de la loi constitutionnelle du 16 juillet 1875. Leurs droits à l'indemnité législative subsistent jusqu'à l'expiration de leur mandat; tant qu'ils restent sur le territoire français, cette indemnité leur est payée, si les circonstances le permettent, dans les conditions prévues par la circulaire ministérielle du 7 août 1876, et elle demeure soumise à l'interdiction de cumul, conformément à la loi du 16 février 1872.

Art. 10.

Le lendemain du jour où les Chambres se sont séparées, leurs Commissions permanentes se réunissent de plein droit dans le lieu ordinaire des séances, à neuf heures du matin[1]. Elles se réunis-

1. Il est vraisemblable que le lendemain de la séparation des Chambres, le Gouvernement n'aura rien à demander aux Commissions permanentes; mais il est bon qu'elles affirment leur existence, et, d'ailleurs, les né-

sent ensuite chaque jour à la même heure[1]; elles peuvent, en outre, être exceptionnellement convoquées par leur Président. Lorsqu'il n'y a aucune matière à l'ordre du jour de la séance, le Président se borne à faire adopter le procès-verbal, et il lève la séance d'office.

Art. 11.

La Commission permanente du Sénat est présidée par le Président du Sénat. La Commission permanente de la Chambre des Députés est présidée par le Pré-

cessités surgissent si vite en cas de guerre que cette première réunion d'office ne serait peut-être pas superflue.

Une heure très matinale est certainement la meilleure dans les temps troublés; elle permet de recevoir les demandes formées par le Gouvernement d'après les dépêches de la nuit.

1. Quelle que soit la réserve imposée à la presse pendant la lutte, les réunions des commissions permanentes seront connues; il est bon qu'elles soient régulières, même lorsqu'elles doivent être inutiles, afin que le public ne s'inquiète pas le jour où elles sont vraiment nécessaires,

sident de la Chambre. En cas d'empêche-
ment du Président, l'un des vice-prési-
dents élus par l'Assemblée occupe le
fauteuil.

Les fonctions de secrétaires sont rem-
plies, dans chaque Commission, par les
quatre plus jeunes membres.

Art. 12.

Il est interdit aux membres des Commissions permanentes de quitter la ville
où siègent les pouvoirs publics, et les
Commissions n'ont pas le droit d'accor-
der des congés, sauf pour le cas de ma-
ladie grave.

Chaque séance s'ouvre par l'appel nominal. Les noms des membres absents
sans congé sont publiés au *Journal officiel*.

Art. 13.

Les délibérations des Commissions permanentes sont secrètes [1], et il n'en est point fait de compte rendu; mais un procès-verbal sommaire enregistre les votes émis et les décisions prises. Ce procès-verbal n'est pas publié. Il est déposé entre les mains du Président et envoyé aux archives après la cessation des hostilités.

ART. 14.

Pendant l'absence des Chambres, des crédits supplémentaires ou extraordinaires pourront être provisoirement ouverts par décrets, sous la condition que ces décrets aient été préalablement approuvés par une décision conforme des deux Commissions.

1. Je ne crois pas que ce soit là une dérogation à la Constitution. La publicité des séances n'est ordonnée que pour les séances plénières des Chambres; encore celles-ci peuvent-elles décider le comité secret; actuellement, les séances des Commissions sont secrètes. Une loi pourrait prescrire, sans enfreindre la Constitution, que les séances des Commissions permanentes seront secrètes.

ART. 15.

Tout projet de décret ayant pour but d'ouvrir un crédit supplémentaire ou extraordinaire est transmis par le Ministre des Finances au Président de la Chambre des Députés, qui le communique le lendemain matin à la Commission permanente, et plus tôt, si le Gouvernement a demandé une convocation exceptionnelle.

ART. 16.

La délibération est ouverte sur le projet de décret après lecture de l'exposé des motifs et des articles, sans distribution préalable. Le débat porte immédiatement sur les articles et n'est point précédé d'une discussion générale.

La Commission a le droit d'amender ou de rejeter chacun des articles. Elle peut également rejeter l'ensemble.

Art. 17.

Aucun membre ne peut parler plus de deux fois sur la même question.

Art. 18.

Tous les votes ont lieu par appel nominal et par scrutin; mais les noms des votants pour ou contre ne sont enregistrés qu'au procès-verbal; ils ne sont pas publiés [1].

Nul n'a le droit de s'abstenir.

Art. 19.

Lorsqu'un projet de décret portant ouverture de crédits a été sanctionné par la Commission permanente de la Chambre

---

1. Les circonstances exigeraient peut-être le rétablissement du scrutin secret. Mais il faut se dire que l'absence de publicité immédiate a tous les avantages du scrutin secret, et que la crainte de l'histoire qui, tôt ou tard, sait ouvrir toutes les archives, n'est pas sans avantages.

des Députés, il est transmis sans délai par le Président de la Chambre au Président du Sénat. La Commission permanente du Sénat délibère conformément aux dispositions des art. 16, 17 et 18.

Art. 20.

Si le Gouvernement constate, pendant l'absence des Chambres, qu'un emprunt est nécessaire, il pourra y procéder par voie de décret, après avoir obtenu l'autorisation des Commissions permanentes dans les formes précédemment indiquées.

Il en sera de même pour toutes les mesures exceptionnelles qui pourraient être jugées nécessaires et qui ne sont point dans la compétence du pouvoir exécutif.

Art. 21.

Aucun décret ayant un caractère permanent ou modifiant des lois de principe étrangères à la défense nationale ne peut ni être proposé par le Gouvernement ni être sanctionné par les Commissions.

ART. 22.

Les Ministres ont entrée dans les Commissions permanentes, et ils peuvent y prendre la parole pour défendre les projets de décret; mais nul n'a le droit de leur adresser des interpellations ou des questions.

Les Ministres ne prennent part à aucun vote.

ART. 23.

Le Président est investi du pouvoir de retirer la parole à tout membre qui s'écarte de la question ou qui trouble l'ordre; il n'est pas tenu de consulter la Commission avant de retirer la parole.

ART. 24.

Aucune pétition ne peut être adressée

aux Commissions permanentes et aucune délégation ne peut être reçue par elle.

Art. 25.

Si les hostilités venaient à se poursuivre après la fin d'un exercice budgétaire, les Commissions permanentes auraient le droit de mettre à la disposition du Gouvernement des crédits provisoires.

Ces crédits leur seraient demandés par décret dans la forme indiquée plus haut. Chaque décret ne pourrait être afférent qu'à un douzième.

Art. 26.

En cas de vacance de la Présidence de la République pendant la durée de la guerre, le Conseil des Ministres serait investi du Pouvoir exécutif, conformément à l'article 7 de la loi constitutionnelle du 25 février 1875, mais les deux Commissions permanentes tiendraient immédiatement

une réunion plénière, sous la présidence
du Président du Sénat.

Les deux Commissions, ainsi réunies,
désigneront sans débat, au scrutin secret, le Président du Conseil des Minis-
nistres. Au premier tour de scrutin, la
majorité absolue est nécessaire; au second tour, la majorité relative suffit.

Après la proclamation du scrutin, les
Commissions permanentes se séparent, et
aucun objet ne peut être mis par elles en
délibération.

Le Président du Conseil désigné par
les Commissions permanentes est investi
de toutes les attributions du Président
de la République jusqu'au moment où la
cessation des hostilités permet aux deux
Chambres de se réunir en Assemblée
nationale.

ART. 27.

Si la Présidence de l'une ou l'autre des
Chambres devenait vacante pendant la

durée de la guerre, le premier vice-Président convoquerait sans retard la Commission compétente et ferait procéder à l'élection d'un Président provisoire.

ART. 28.

Si les événements obligeaient le Gouvernement à déplacer le siège des pouvoirs publics, il serait statué par un décret préalablement soumis à la sanction des Commissions permanentes, comme il est dit aux articles précédents.

ART. 29.

Tout décret non sanctionné dans des termes identiques par les deux Commissions permanentes serait nul et non avenu, même s'il était promulgué.

Néanmoins, s'il n'y avait désaccord entre les deux Commissions que sur le chiffre d'une demande de crédit, le Gouvernement aurait le droit de promulgation, après le second vote de la Commission permanente de la Chambre ; mais, en ce cas, il ne pourrait promulguer que le chiffre le moins élevé.

ART. 30.

Les décrets approuvés par les Commissions permanentes sont promulgués au *Journal officiel* dans les termes suivants :

« Le Président de la République, conformément aux décisions prises par les Commissions permanentes du Sénat et de la Chambre des Députés dans leur réunion du...

« Décrète : »

ART. 31.

Dans les huit jours qui suivent la cessation des hostilités, les Présidents du Sénat et de la Chambre des Députés convoquent ces assemblées, et, le jour où celles-ci se réunissent, les pouvoirs des Commissions permanentes prennent fin.

Art. 32.

Quinze jours au plus tard après la réunion des Chambres, tous les décrets rendus pendant leur absence sont soumis à leur ratification (1).

Art. 33.

Toutes les dispositions des lois et des règlements non contraires à la présente loi sont applicables au fonctionnement des Commissions permanentes.

1. Cette ratification pourra certainement paraître aussi inévitable que l'est actuellement celle des crédits ouverts par décret pendant les intercessions ; mais elle crée, pour les représentants responsables des votes émis pendant la guerre, des responsabilités sérieuses. Elle permet, en outre, d'organiser le fonctionnement provisoire du Pouvoir législatif sans recourir à une revision qu'il paraît difficile d'opérer en pleine paix et qu'il serait matériellement impossible d'opérer à la veille de la guerre.

FIN.

Maison Quantin
S. Benoit, 7, à Paris